GENÉTICA

CARLOS PAZOS

¡Hola, futuros genios de la genética!

Este es mi **CACHORRITO** Mendel y yo soy la **DOCTORA** Valentina.

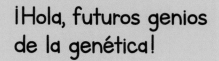

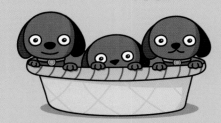

Seguro que ya te has dado cuenta de que Mendel es de color amarillo, pero sus tres hermanos son marrones.

¿Quieres saber por qué Mendel es diferente?
Obsérvalo conmigo muy de cerca y así
descubriremos el misterio del color de su pelo.

Acercándonos mucho, con una lupa
o un microscopio, nos
adentramos en
el mundo de
lo pequeño.

¡Vaya!
Entre los pelos
de Mendel hay ácaros. Son unos bichos
diminutos que no podemos ver a simple vista.

Células de la piel

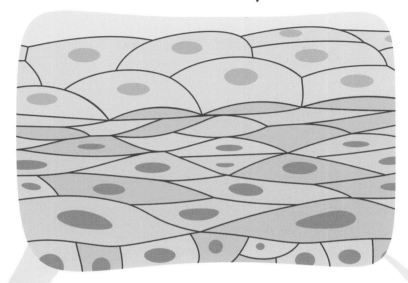

Cuanto más
nos acercamos,
más curiosidades
descubrimos.

¡Y aquí la
tenemos!
Una **CÉLULA**
de Mendel.

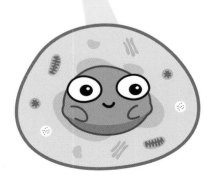

Todos los seres vivos,
grandes o pequeños,
estamos formados
por células.

Las células se dividen
en diferentes partes.

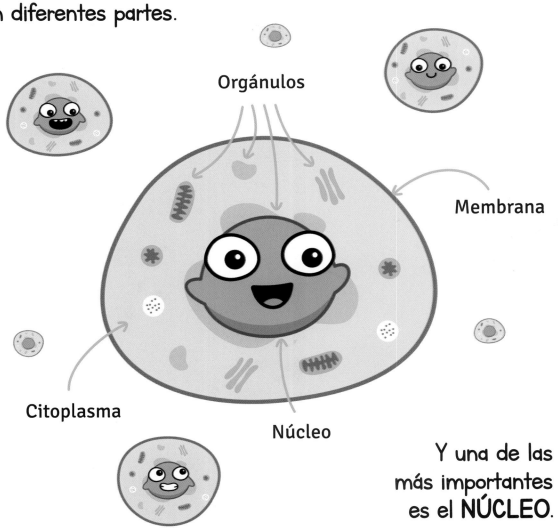

Orgánulos

Membrana

Citoplasma

Núcleo

Y una de las
más importantes
es el **NÚCLEO**.

El núcleo guarda un tesoro especial.

Es el **ADN**, que contiene las instrucciones de la vida.

El ADN es una cadena de información muy larga, formada por trocitos más cortos que llamamos GENES.

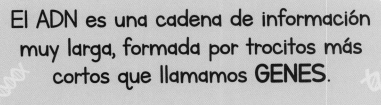

En el ADN hay genes para todo.

¡Chato y oscuro!

Unos explican cómo debe ser la forma del hocico...

¡2 largas orejas!

...o la de las orejas.

¡4 patas!

Otros genes nos dicen cuántas patas debe tener Mendel o el color de su pelo.

¡Amarillo!

Si desenrollamos
un poco los genes,
se parecen a
una cremallera...

...que se une gracias
a estas simpáticas
BASES NITROGENADAS.

¡Pues vaya!
¡Parece que no todas
las bases encajan
entre sí!

Guanina + Citosina

Adenina + Timina

A veces las bases nitrogenadas se separan en el ADN para formar otras cadenas más sencillas. Es el ARN mensajero, que transfiere el código genético fuera del núcleo.

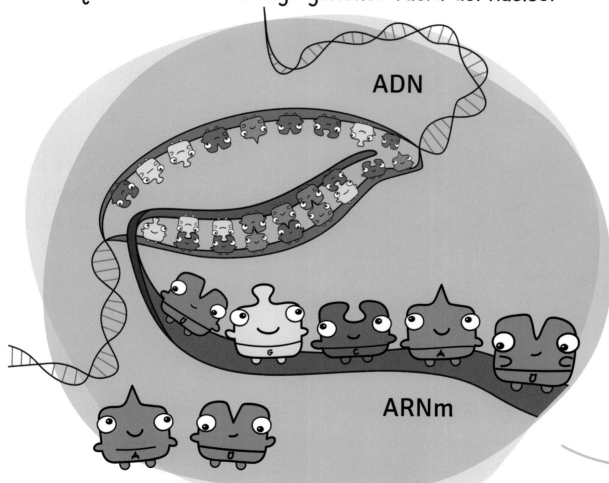

ADN

ARNm

Adenina + Uracilo

Cuando el ARN mensajero es leído, la célula usa **AMINOÁCIDOS** para crear **PROTEÍNAS**.

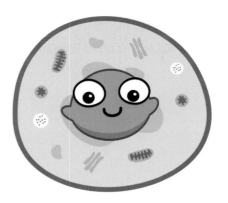

Y con proteínas, entre otras cosas, podemos fabricar más células.

Proteínas

Aminoácidos

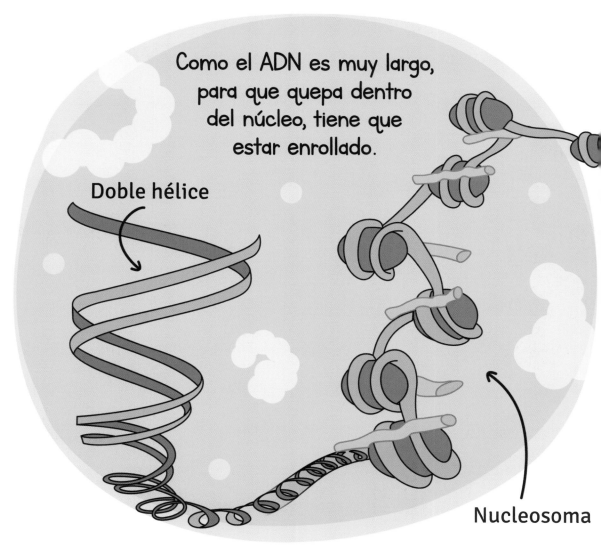

Como el ADN es muy largo, para que quepa dentro del núcleo, tiene que estar enrollado.

Doble hélice

Nucleosoma

Cuando una célula nueva va a nacer, el ADN
se transforma en muchos **CROMOSOMAS**.

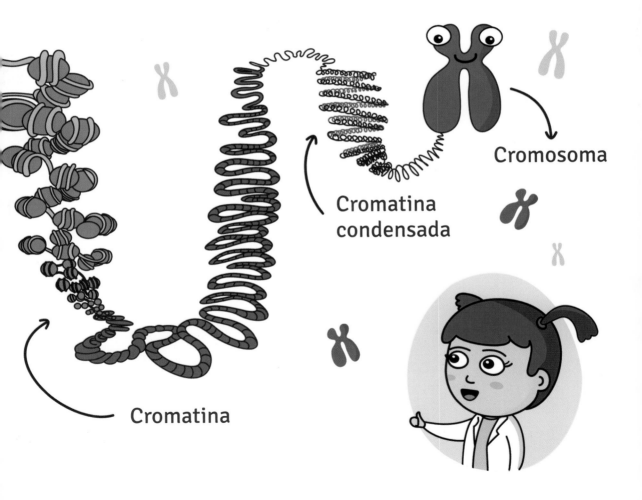

Cromosoma

Cromatina
condensada

Cromatina

Ahora vamos a fijarnos en un cromosoma.

Otra cromátida

Cromátida

Cinetocoro

Las dos cromátidas tienen el mismo ADN.

Centrómero

Brazo

Telómero

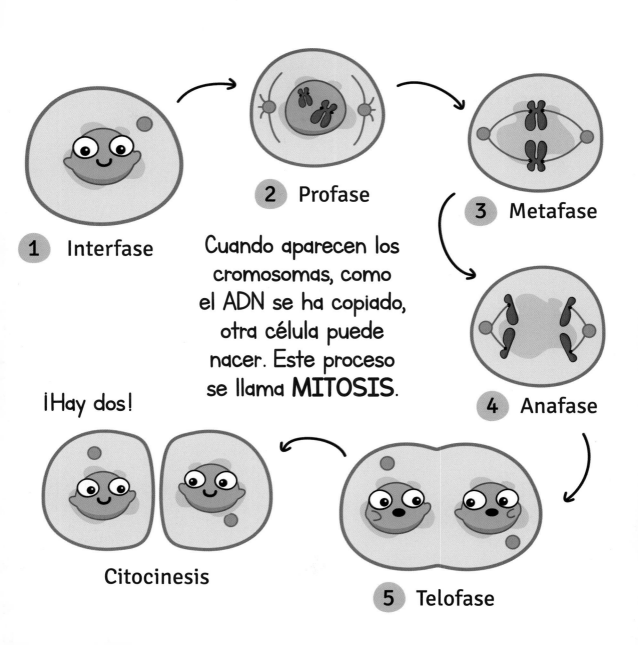

2 Profase

3 Metafase

1 Interfase

Cuando aparecen los
cromosomas, como
el ADN se ha copiado,
otra célula puede
nacer. Este proceso
se llama **MITOSIS**.

4 Anafase

¡Hay dos!

Citocinesis

5 Telofase

El ADN es asombroso, pero
¿de dónde proviene el ADN de Mendel?
Todo empezó con sus abuelos.

De jóvenes, cada uno
depositó la mitad de su
ADN en una célula.

Cigoto

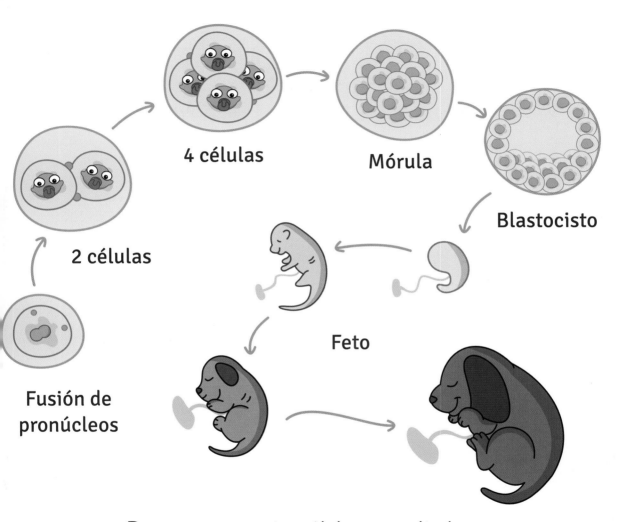

4 células

Mórula

Blastocisto

2 células

Fusión de pronúcleos

Feto

Poco a poco, esta célula se multiplicó
hasta que nació un pequeño cachorro.

¡Era el papá de Mendel! Su pelaje era marrón porque así lo definía la parte **DOMINANTE** en sus genes de color.

Dominante   Recesiva

El papá de Mendel se convirtió en un apuesto perro y conoció a la mamá de Mendel.

¡Los dos eran del mismo color, pero tenían genes **RECESIVOS** para el amarillo en su ADN!

Al cabo de un tiempo, tuvieron cuatro cachorritos.
¡Mendel y sus hermanos!

Cada uno de ellos recibió una mitad
distinta del gen de color de sus padres.
Mendel heredó dos partes amarillas y sus
hermanos recibieron solo una o ninguna.

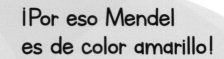

¡Por eso Mendel
es de color amarillo!

Ahora que somos
expertos en genética...
¡hemos resuelto el
misterio de Mendel!

Primera edición: septiembre de 2018

© 2018, Carlos Pazos, por el texto y las ilustraciones
© 2018, Penguin Random House Grupo Editorial, S.A.U.
Travessera de Gràcia, 47-49. 08021 Barcelona

Printed in Spain – Impreso en España

ISBN: 978-84-488-5055-5
Depósito legal: B-10.923-2018

Impreso en Impuls45
Granollers (Barcelona)

BE50555

Penguin
Random House
Grupo Editorial